VENTE

HOTEL DROUOT — SALLE N° 11

Les Lundi 29 et Mardi 30 Mai 1905

A 2 HEURES 1/4

BEAUX MEUBLES

ET

OBJETS D'ART & DE CURIOSITÉ

TABLEAUX

Anciens et Modernes

BRONZES — MARBRES — BIJOUX

TAPISSERIES — TAPIS — TENTURES

Mᵉ E. Braouézec, Commissaire-Priseur

41, Rue de la Victoire, 41

EXPOSITION PUBLIQUE

Le Dimanche 28 Mai 1905, de 2 heures à 6 heures

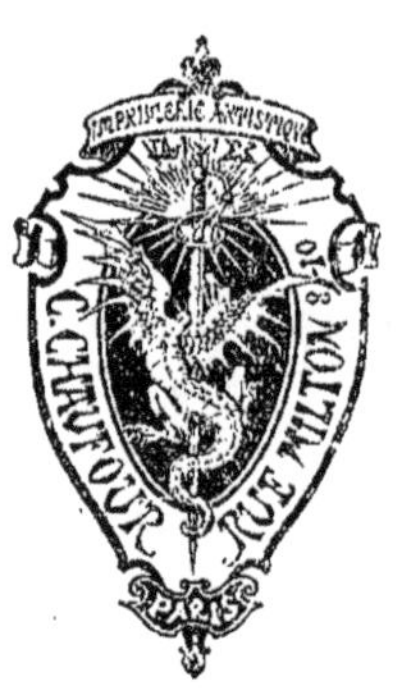

CATALOGUE

DE

BEAUX MEUBLES

ET

OBJETS d'ART et de CURIOSITÉ

Anciens et Modernes

Chambre à coucher — Salle à manger — Salon en bois laqué
Tables — Paravent — Commodes
Meuble de salon en bois doré — Meubles et sièges divers

TABLEAUX

des différentes Écoles

DESSINS — GRAVURES — GOUACHES — PASTELS
BRONZES — MARBRES — BIJOUX

TAPISSERIES — TAPIS — TENTURES

dont la vente aura lieu

HOTEL DROUOT — SALLE N° 11

Les Lundi 29 et Mardi 30 Mai 1905

A 2 HEURES 1/4

Me E. Graouézec, Commissaire-Priseur
41, Rue de la Victoire

EXPOSITION PUBLIQUE

Le Dimanche 28 Mai 1905, de 2 heures à 6 heures

CONDITIONS DE LA VENTE

La vente sera faite expressément au comptant.

Les acquéreurs paieront 10 o|o en sus des adjudications.

L'exposition mettant le public à même de se rendre compte de l'état des objets, il ne sera admis aucune réclamation une fois l'adjudication prononcée

PARIS — IMP. C. CHAUFOUR, 8 & 10, RUE MILTON

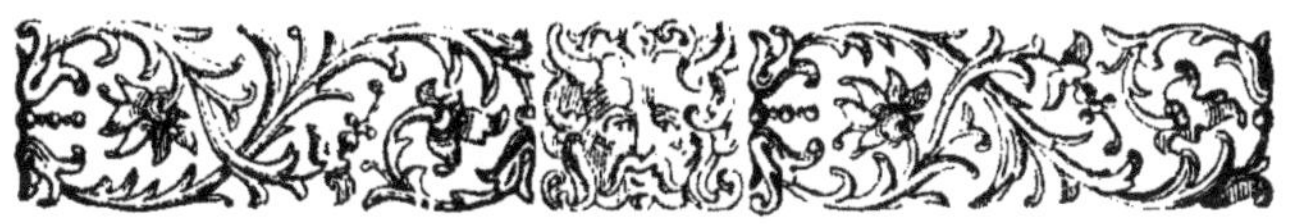

DÉSIGNATION

MEUBLES

1 — Salon en bois sculpté et ciré couvert en soierie à fleurs composé d'un canapé et de deux chaises provenant de la maison Kriéger.

2 — Salle à manger en noyer sculpté et ciré à rocailles et volutes comprenant un buffet à deux corps à étagère vitrée, une table à allonges et six chaises recouvertes en cuir frappé de style Louis XV.

3 — Chambre à coucher de style Louis XV comprenant une armoire à glace à deux portes, un lit de milieu à rocailles et une table de nuit à étagère.

4 — Meuble à hauteur d'appui n ebois noir orné de cuivres, dessus marbre blanc.

5 — Table tric-trac en bois de luxe marqueté de style Louis XVI.

6 — Table Louis XVI en bois sculpté et doré, entrejambe surmonté d'un vase enguirlandé style Louis XVI.

7 — Beau bahut Renaissance à colonnettes sculptées, à portes divisées en vingt-quatre panneaux ornés d'armoiries et de portraits.

8 — Deux consoles en bois sculpté.

9 — Causeuse en bois sculpté et doré de style Louis XVI.

10 — Deux tabourets Louis XVI en bois sculpté.

11 — Commode Louis XV en marqueterie de bois ornée de bronze ciselé et doré.

12 — Salon de style Louis XVI en bois laqué finement sculpté comprenant un canapé, deux fauteuils et quatre chaises recouvert en soierie à rayures vert d'eau et blanches à fleurettes.

13 — Marquise en noyer sculpté et doré couverte en soierie à fleurs de style Louis XV.

14 — Deux fauteuils en bois sculpté de style Louis XV à rocailles, foncés de canne.

15 — Quatre chaises en bois sculpté à rocailles foncées de canne de style Louis XV.

16 — Bureau en acajou, dos avec filets de cuivre poli de style Louis XVI.

17 — Console en bois sculpté et doré de style Louis XV dessus en marbre blanc.

18 — Commode en bois de luxe marqueté à fleurs, à deux tiroirs dessus en marbre brèche style Louis XVI.

19 — Table-coiffeuse de la maison Maple.

20 — Table tric-trac, pieds tournés, en marqueterie à fleurs de style hollandais.

21 — Table sapin jaune dessus cannelé à pieds carrés, genre art nouveau.

22 — Fauteuil en bois sculpté et doré recouvert de velours de Gênes. Style Louis XIV.

23 — Important salon en bois sculpté et doré couvert en velours orné d'applications de broderies, composé : d'un canapé d'angle, de deux canapés et d'un lit de repos.

24 — Table à thé en marqueterie de bois et bronzes dorés. Style Louis XVI.

25 — Lit de style Henri II en chêne, à baldaquin soutenu par des colonnes torses.

26 — Paravent à quatre feuilles en chêne sculpté et doré style Louis XVI, peintures de l'époque.

27 — Trumeau à glace et grisaille, amours jouant avec des guirlandes de roses.

28 — Pupitre en marqueterie de Boulle avec deux petits encriers en bronze doré.

29 — Porte-parapluie en chêne avec fond de glace.

30 — Fauteuil forme dite Dagobert en bois sculpté et ciré, avec coussin en panne rouge.

31 — Banquette en noyer sculpté recouverte en soierie à fleurs.

32 — Bureau en chêne sculpté de style Louis XIII.

33 — Commode en chêne sculpté de style Louis XVI.

34 — Deux supports formant coffre, en bois sculpté et doré.

35 — Trois grandes armoires à garde-robes en chêne.

36 — Deux supports en bois doré ornés de têtes d'hommes ailés.

37 — Table en bois sculpté peinte en noir.

38 — Sellette en noyer sculpté, entrejambe à tablette.

OBJETS D'ART

39 — Garniture de cheminée en bronze doré, comprenant une pendule à rocailles fleuronnées supportant un groupe en bronze femme et enfant, et deux candélabres enfants supportant les lumières.

40 — Vase en bronze.

41 — Grand et beau plat en cuivre repoussé.

42 — Porte-réveil en bronze ciselé et doré, de style Louis XVI.

43 — Grand plateau en ancienne laque du Japon.

44 — Vase en céladon craquelé de la Chine avec monture en bronze ciselé et doré.

45 — Paire de beaux candélabres en bronze, à femmes ailées supportant cinq lumières. Epoque 1er Empire.

46 — Très jolie pendule époque Louis XVI en marbre blanc à colonnettes surmontées de bronze doré.

47 — Deux statuettes en bronze : Enfants, genre Clodion.

48 — Paire de candélabres en cloisonné avec branches en cuivre.

49 — Garniture de cheminée en marbre rouge griotte ornée de bronze doré, composée : d'une pendule surmontée d'un groupe en bronze : L'Amour captif, signé L. Boisseau, et de deux candélabres formant vases à petits personnages supportant sept lumières, montés pour l'électricité.

50 — Lustre Louis XVI en bronze ciselé et doré orné de fleurs en porcelaine de Saxe.

51 — Petit lustre à quatre lumières en bronze argenté, époque Louis XVI.

52 — Suite de quinze coupes de formes variées en porcelaine décorée de Jacob Petit.

53 — Deux petits oiseaux en porcelaine de Saxe montés sur socle en bronze doré, ornés de feuillage et de fleurs également en porcelaine de Saxe.

54 — Garniture de cheminée en composition et marbre rose : composée d'une pendule et de deux candélabres.

55 — Quatre appliques à une lumière électrique en bronze doré.

56 — Statuette en bronze : Le joueuse de pipeaux.

57 — Marbre : Marguerite, par Barranti.

58 — Deux torchères électriques en bronze doré.

59 — Quatre appliques en bronze doré disposées pour l'électricité.

60 — Bassinoire en cuivre, époque Louis XIII.

61 — Christ en cuivre sur un vieux bois.

62 — Lanterne d'antichambre en cuivre poli à nœuds de rubans, montée pour le gaz.

63 — Paire de chenêts Louis XV en bronze doré à rocailles supportant des enfants.

64 — Deux grands candélabres en bronze doré à volutes, rocailles et chutes de fleurs, à sept lumières supportées par des enfants.

65 — Petit lustre hollandais en cuivre poli à douze lumières.

66 — Statuette en bois sculpté et doré : Amour tenant une couronne de roses.

67 — Boite à thé en laque de Chine à petits personnages rehaussés d'or.

68 — Huilier en faience, décor polychrome à chimères, contenant deux burettes à couvercles, genre hollandais.

69 — Groupe en bronze : l'Ange gardien.

70 — Deux petits bronzes : enfants.

71 — Petit carafon en cristal, monture étain.

72 — Coupe en bronze de Barbedienne.

73 — Surtout en onyx et bronze argenté.

74 — Pichet en étain genre art nouveau, anse formant fleurs.

75 — Plateau genre art nouveau en étain.

76 — Christ en bronze, sur croix en peluche.

77 — Deux cache-pots en porcelaine de Nevers, décor en bleu à paysage, anses à têtes de lions.

78 — Deux vases en marbre et bronze ciselé de style Louis XVI.

79 — Buste en marbre : Diane, d'après Houdon.

79 *bis* — Vases de style Louis XVI en marbre blanc ornés de cariatides en bronze finement sculpté ; monture en bronze doré et ciselé.

80 — Pendule en marbre brèche garnie de bronzes dorés et surmontée d'une statuette : l'Etoile du Matin.

81 — Groupe en bronze, signé Clodion.

82 — Deux petites figurines en porcelaine.

83 — Paire de candélabres Louis XVI à figures en bronze doré.

84 — Statuette : Rébecca, signée Gautherin.

85 — Groupe en biscuit.

86 — Deux statuettes : Amours en bronze.

87 — Lot d'assiettes de la Compagnie des Indes, décor à fleurs.

88 — Six assiettes de Strasbourg.

89 — Petit bronze : enfants aux raisins.

90 — Garniture de cheminée en marbre brèche ornée de bronze, composée : d'une pendule surmontée d'un amour à l'arc et de deux petits flambeaux. Epoque Ier Empire.

91 — Groupe en bronze, canotier et paysanne, signé Pilet.

92 — Haut-relief en marbre, tête de femme, de Caussé.

93 — Bronze argenté, Femme surprise, signé Emile Leysalle.

94 — Bougeoir en bronze doré.

95 — Miroir en bronze poli soutenu par un amour, socle en marbre.

96 — Cachet Empire forme vase de fleurs.

97 — Coupe-papier, en marqueterie de bois : Enfant jouant avec des fleurs, forme semelle.

98 — Lustre électrique en bronze et cristaux.

99 — Suspension de billard ou de table de jeu en cuivre poli.

100 — Bel appareil photographique de la maison Kodak, avec sacoche en cuir, et châssis, etc...

101 — Deux petites statuettes en biscuit.

102 — Encrier en bronze argenté avec figurine : Le Diable.

103 — Petite psyché en cuivre ciselé et doré à sujet oiseaux.

104 — Groupe en bronze : tigre tenant sa proie.

105 — Petit encrier en composition style Louis XV.

106 — Buste en bronze : Voltaire.

107 — Petit groupe en Saxe : Chasseur et son chien.

108 — Petite boite forme singe, monture de lunettes.

108 *bis* — Monture de lunettes.

109 — Plaque en biscuit de Sèvres.

110 — Tabouret en terre cuite.

111 — Sept plats faiences diverses.

112 — Grand bronze : femme à la colombe, signé Ch. Levy.

113 — Buste en marbre. Châtelaine du moyen-âge.

114 — Grande pendule en marbre noir.

115 — Encrier en cuivre poli aiouré.

116 — Groupe en biscuit : enfants jouant avec un cœur.

117 — Vase en porcelaine blanche.

118 — Vase en porcelaine de Valauris.

119 — Six tasses en porcelaine de Chine et leurs soucoupes.

120 — Appareil photographique forme dite jumelle avec son sac en cuir.

121 — Trois cadres en bois sculpté Louis XV.

122 — Mandoline.

123 — Violon et son archet dans un étui.

124 — Bicyclette de dame.

BIJOUX & OBJETS DE VITRINE

125 — Paire de boutons d'oreilles en or enrichis de perles fines et de deux petits diamants.

126 — Six épingles en or, ornés de six perles fines.

127 — Trois boutons en or enrichis de trois perles fines.

128 — Collier en corail.

129 — Bague marquise en émail bleu ornée de diamants.

130 — Bracelet en or perle fine et six diamants.

131 — Paire de boutons d'oreilles en or, onyx et perles fines.

132 — Epingle de cravate en or, feuille en diamants.

133 — Bague en or enrichie d'émeraudes.

134 — Epingle de cravate en or ornée de perles fines et émeraudes.

135 — Bague en or, perle fine entourée diamants.

136 — Bague en or forme marquise avec tournaline entourée de brillants.

137 — Montre en or avec chaîne en or.

138 — Paire de boutons d'oreilles en or, enrichis de perles similis avec entourage similis brillants.

139 — Deux broches similis.

140 — Epingle à chapeau en diamants anciens.

141 — Bague marquise en or ornée de perles, brillants et roses.

142 — Bague carrée en or enrichie de brillants et d'émeraudes.

143 — Collier de chien en perles fines, barrette en roses.

144 — Peigne en écaille orné de brillants et de roses.

145 — Bague en or enrichie d'une émeraude et de brillants.

146 — Bague en or ornée d'un saphir de deux brillants et de roses.

147 — Bague en or ornée d'un saphir et de roses.

148 — Bague forme marquise enrichie de saphirs et de roses.

149 — Epingle de cravate forme pot ornée de perles fines et de roses.

150 — Bague en or enrichie d'une pierre de lune entourée de brillants et saphirs.

151 — Bourse en argent doré.

152 — Montre à remontoir en or, boitier ciselé.

153 — Bayadère en perles fines, enrichie de glands pavés de cabochons rubis.

154 — Paire de boucles d'oreilles en or et platine enrichies de brillants.

155 — Bague en or et platine, rivière trois saphirs avec entourage diamants.

156 — Bague princesse enrichie de cinq rubis d'Orient, entre une double rangée de diamants.

157 — Bague en or et platine ornée d'une opale entourée de diamants.

158 — Bague marquise en or enrichie d'une émeraude et de diamants.

159 — Bague éventail ornée de rubis, brillants et roses.

160 — Bague en or et platine enrichie d'un rubis entourée de diamants.

161 — Trois boutons de chemise, perles fines, montées sur or.

162 — Sautoir en or avec coulant, orné de rubis et saphir.

163 — Réticule en or et vermeil.

164 — Bourse en argent.

165 — Garniture de toilette en ivoire composée de dix pièces.

166 — Eventail de style Louis XV en dentelle, avec petite peinture à gauche, monture en nacre avec incrustations.

167 — Eventail en dentelle, monture en nacre avec incrustations.

168 — Col et deux manches en dentelle de style Renaissance à personnages.

169 — Plat en argent.

170 — Cinq couteaux en argent.

171 — Sac à main en cuir.

172 — Drageoir en argent ciselé Louis XV, à volutes couvercle à bouquets de fleurs.

173 — Six petites cuillers à café en argent.

174 — Couvert en argent gravé comprenant une cuillère, une fourchette et un couteau.

175 — Service de toilette en argent, comprenant un polissoir à ongles, deux boîtes à poudre, etc., etc.

176 — Argenterie de table.

177 — Boîte en écaille jaune avec incrustations en métal doré.

178 — Garniture de toilette en cristal, monture en argent, composée de cinq pièces.

179 — Service de toilette en plaqué argent, composé : d'une cuvette, un pot à eau, une boîte à brosses, une boîte à savon et trois boîtes à poudre.

180 — Lot de jetons en argent.

182 — Lot de monnaies anciennes en argent.

183 — Lot de médailles militaires en argent.

184 — Lot de monnaies anciennes en bronze.

185 — Pièce du Pape de 5 livres 1870.

186 — Deux pièces de monnaies. Epoque Louis XIV.

TABLEAUX, GRAVURES

187 — ACHENBACH. *Paysage : bords de l'eau.*

188 — BAMBOCHE (Van). *Scène de cabaret.*

189 — BARON (Clovis). *Bords de la Seine.*

190 — BERCHERE. *Le Simoun.*

191 — BOILLY. *Fête aux Tuileries.* Dessin, daté 1826.

192 — BOILLY (attribué à). *Portrait d'homme.*

193 — BOILLY (attribué à). *Portrait de jeune femme.* Cadre en bois sculpté.

194 — BOUDIN. *Bateaux à l'ancre.*

195 — BOURGUIGNON. *Scène de bataille.*

196 — CABAT (attribué à). *Paysage.* Etude.

197 — CALMETTES. *Sauvetage.* Dessin gouaché.

198 — CALMETTES. *Dans la cale.* Dessin gouaché.

199 — CHALIES (C.). *Deux dessins rehaussés de gouache.*

200 — DE FONTENAY. *Fleurs.*

201 — DE MARNE. *Paysage animé.*

202 — DEPAGNEUX. *Nature morte.* Daté 1894.

203 — DE VÉGA. *Portrait de femme espagnole.*

204 — DUMAREST. (A.) *Paysage sous bois.* Daté 1863.

205 — DUPRAY. *Au Bivouac : La corvée d'eau.*

206 — FICHEL. *Petit marquis Louis XV.* Aquarelle.

207 — FRANTZ HALLS (genre de). *La Maternité.*

208 — FRANZ HALLS (genre de). *Portrait de Vinot cuisinier du roi Louis XIII.*

209 — GUILLAUMIN. *Paysage.*

210 — HERVIER (attribué à). *Intérieur de village.*

211 — HOGARTH (attribué à). *Portrait de femme.*

212 — HONDECOETER (MELCHIOR). *Animaux.*

213 — JOB. *Arlette de Valoris.*

214 — JOB. *Deux mousquetaires.* Deux dessins à la plume rehaussés au crayon bleu.

215 — JOB. *Bonaparte et Joséphine.* Dessin à la plume rehaussé au crayon bleu.

216 — JORDAENS (Ecole de). *Bacchante.*

217 — LAIRESSE (GÉRARD DE). *Suget religieux.* Cadre bois sculpté.

218 — LARGILIERE (Ecole de). *Portrait d'homme Louis XIV.*

219 — LEPRINCE (attribué à). *Paysage.*

220 — LE ROY. *Chats.*

221 — MICHEL (genre de). *Paysage.*

222 — MIEREVELD (attribué à). *Portrait de femme*

223 — MIGNARD (attribué à). *Portrait de femme.*

224 — MONTVADER (A.). *Deux dessins à la plume rehaussés de gouache.*

225 — PRITCHOUD. *Marine, vue de Venise.*

226 — RICHET (Léon). *Paysage : Coucher de soleil.*

227 — TIVOLI (Rosa de). *Marchand oriental.*

228 — TOCHÉ. *Jeune Marquis.* Etude à la sanguine.

229 — TOCHÉ. *Melon et Fleurs.*

230 — VAN DER NEER (Attribué à). *Marine.*

231 — VAN DER NEER (Attribué à). *Paysage.*

232 — VAN HUYEN (Attribué à). *Fruits.*

233 — VOUET (SIMON). *Le Messager d'amour.*

234-235 - Série de cinq gravures en couleurs : *Paul et Virginie* de SCHALL.

236-237 — *Les quatre saisons* par AUBRY. Quatre gravures en couleurs de BENOIST.

238-242 — Suite de cinq gravures en couleurs : « A visit to the boarding school » « Coblages » — « Travellers » — The chalybate well » — « The fischerman's hut »

243-244 — Gravure en couleurs : The Worcester courses, et son pendant.

245-246 — Deux gravures de GOUPIL : *Le Tasse à la Cour de Ferrare et Shakespeare à la Cour d'Elisabeth.* Cadres peints blanc.

247 — Deux gravures en couleurs, *Le Lever et le coucher*, cadre en bois sculpté et doré.

248 — Deux gravures en couleurs : *Le Billet doux et qu'en dit l'abbé*. Cadres en bois sculpté et doré.

249 — Trois gravures de GOUPIL : *Une bonne histoire, la Main chaude et un jour de Kermesse*. Cadres laqués blancs.

250 — ECOLE ANGLAISE. *Portrait de femme.*

251 — ECOLE ANGLAISE. *Enfants jouant sur une plage.*

252 — ECOLE ANGLAISE. *Marine.*

253 — ECOLE ESPAGNOLE. *Portraits de femmes*. Deux pendants.

254 — ECOLE FRANÇAISE. *Portrait de femme Louis XVI.*

255 — ECOLE FRANÇAISE DU XVIIIe SIÈCLE. *Portrait de femme.*

256 — ECOLE FRANCAISE. *Portrait d'artiste*. Pastel.

257 — ECOLE FRANCAISE. *Portrait de jeune fille en robe blanche décolletée garnie de roses.*

258 — ECOLE HOLLANDAISE. *Exécution de Marie Stuart.*

259 — ECOLE HOLLANDAISE. *Paysage sur cuivre.*

260 – ECOLE ITALIENNE. *Le Barbier de Séville.*

261 — ECOLE MODERNE. *Vue du Vieux Paris.*

262-263 — ECOLE MODERNE. *Scènes espagnoles.* Série de quatre peintures.

TAPISSERIES, TAPIS

TENTURES

264 — Grand tapis oriental, décor polychrome, $5^{m} \times 3^{m}$.

265 — Grand tapis d'Orient dessin polychrome.

266 — Petit tapis oriental.

267 — Petit tapis.

268 — Grand tapis de Smyrne dessin polychrome.

269 — Tapisserie à personnages.

270 — Tapisserie à personnages.

271 — Tapisserie à personnages.

272 — Grande portière en peluche rouge grenat.

273 — Tapisserie : La cartomancienne.

274 — Lot de rideaux.

275 — Tapis chemin.

276 — Objets omis.

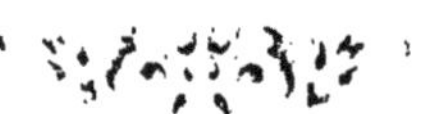

www.ingramcontent.com/pod-product-compliance
Ingram Content Group UK Ltd.
Pitfield, Milton Keynes, MK11 3LW, UK
UKHW022002260726
13994UKWH00004B/1901

9 782329 530581